DESDE EL BAÚL DEL ALMA

Antonio Bulnes Juárez

Desde el baúl del alma

LLEIDA 2024

Sant Salvador, 8 · 25005 Lleida
www.edmilenio.com · editorial@edmilenio.com
Editorial Milenio @EdMilenio @editorialmilenio

Primera edición: julio de 2024
ISBN: 978-84-126866-2-3
DL: L 422-2024

Impreso en Arts Gràfiques Bobalà, S L
www.bobala.cat

Printed in Spain

Grama es la colección de autoedición de Milenio Publicaciones nacida en octubre del año 2020. El objectivo de Grama es acoger dentro de Milenio Publicaciones a todos los autores que desean publicar con nosotros. En Grama nos comprometemos a acompañar a los autores en todo el proceso de edición de su obra: preedición, impresión, distribución y difusión, en formato papel y/o digital. Grama comprende todos los géneros: novela, relatos breves, cuento infantil, narrativa juvenil, poesía, ensayo, teatro, relatos de viaje, estudios, libros regalo...

A mi esposa, a mis tres hijos
y a mis cinco nietos.

Y a Josefa y Antonio,
mis padres.

En la literatura nada hay más difícil que la sencillez.

MIGUEL DELIBES

El paso del tiempo nos lleva por caminos que tienen muchos obstáculos a los que hay que descubrir y de ellos salir airoso evitando que nos hieran y nos impidan seguir adelante.

Si contamos con buenos compañeros, está claro que todo será mucho mejor que si andamos solos o si las compañías, de las que a veces hacemos gala, no son las adecuadas.

Todos ellos dejarán en cada uno de nosotros sus huellas, que, a lo largo de nuestras vidas, influirán en nuestra manera de ser con mayor o menor importancia, dejando ese poso dulce o amargo en nuestras almas.

Ese caminar por la vida, que todos conocemos, también nos trae como compañeros a esos libros que a través de sus páginas nos transportan a mundos fantásticos con personajes muy vivos. Algunos tan cercanos a nosotros mismos y otros, por el contrario, tan lejanos y diferentes e incluso contrarios a lo que somos. Tanto unos como otros, nos hacen sentir en nuestro interior que algo nos mueve, nos inquieta, nos motiva y nos anima a compartir con otros todo eso que ellos viven y, con la habilidad del escritor a través de la palabra, a nosotros nos ilusiona y nos hace vibrar.

En otros momentos de nuestra vida, somos cada uno de nosotros, nuestros propios compañeros. Con nuestras vivencias, nuestros miedos, nuestras alegrías, nuestros sinsabores y todos aquellos sentimientos que provocan continuamente nuestro estado de ánimo haciendo que saltemos de gozo o nos hundamos en la miseria, sintiéndonos héroes o villanos.

Aquí encontrarás, querido lector, todo eso a lo que me refiero.

La propia vida y esas otras, que, al recordarlas, nos conducen a identificarnos con cada uno de esos personajes.

POEMAS

A Josefa y Antonio

Me ofrecisteis vuestro mejor regalo
en medio de tantas necesidades.
La vida, para lo bueno y lo malo
sin ocultarme todas las verdades.

Que ¿había estrecheces? No se ocultaban.
Que ¿hacía frío? Deprisa a la lumbre,
y así nuestros cuerpos se acurrucaban.
En los inviernos, era la costumbre.

¿Qué hay para comer? Hoy tenemos migas.
En la sartén los tres juntos comemos
para reponernos de las fatigas.
Y otro día un puchero guisaremos.

No había comodidades ni lujos
pero me embargaba vuestro cariño.
Ni tampoco me andabais con tapujos.
Así fui creciendo desde bien niño.

Ahora que ya blanquean mis sienes
en mi recuerdo os tengo muy presentes.
Y al fijar la vista en mis almacenes,
vuestros desvelos se hacen bien patentes.

Allí, en el lugar donde estéis ahora,
sabed que os estoy muy agradecido.
No quiero que, aunque sea con demora,
alguien diga que no soy bien nacido.

Recuerdos de vida

Llegó el día de tu partida
en que del nido te alejaste,
para emprender tu nueva vida
y así bien solos nos dejaste.

Que no te suene esto a reproche
ni que te provoque amargura,
ni en tu vida asome la noche.
¡Solo es sentimiento, criatura!

Tropezones habrás tenido
como a todos nos ha pasado.
De los duros, no hemos sabido
pues no estábamos a tu lado.

Sí sabemos de tus temores,
pues al mirarte se te nota.
Cuando llegan los sinsabores,
es tu alma que se te agarrota.

Levanta la vista a los cielos.
Respira profundo y a fondo,
que aquí tienes estos "abuelos"
que te aman desde lo más hondo.

Mente y corazón

Qué poco sabe el corazón de razones
y la mente entiende poco de sentimientos.
Uno y otra tienen sus opiniones
para explicar los pensamientos.

Que la mente escuche al corazón,
acostumbra a ser improbable.
Y que el corazón atienda a la razón,
resulta por lo menos impensable.

¿Qué hacer llegado el momento
en que no se sabe por dónde tirar?
¡Ay, amigo! Eso sí que es un tormento
que cada cual debe solucionar.

No existe receta que valga,
ni existe remedio para aplicar.
Opta por hacer lo que te salga
y nunca renuncies a poder amar.

Sueños y nostalgias

Cuando pienso en lo vivido,
en lo malo y en lo bueno,
sintiéndome bien sereno,
no olvido lo que he sentido.

Cuando nacen los recuerdos,
en la noche o en el día,
rompiéndome la alegría,
ya no estoy entre los cuerdos.

Cuando rompe nuestra vida,
lo que duele y nos apena,
atándonos con cadena,
se nos abre nuestra herida.

Cuando brilla la armonía,
con toda su gran belleza,
envolviéndome su fuerza,
ya no tengo esa agonía.

Impotencia

Si en mis manos tuviere
el poder aliviarte,
no hay duda que lo hiciere
para así consolarte.

Verte en tu sufrimiento
sin ver una salida,
que nubla el pensamiento
de tu alma bien herida.

Me llena de congoja
ver el llanto en tus ojos
ni a nadie que te acoja
ni a azules ni rojos.

¡Qué mala es la falacia!
Cuando anida en los vivos
produciendo ignorancia,
se vuelven agresivos.

Ya no escuchan ni atienden.
Nada ya les importa.
Ellos son los que entienden.
Al otro no soporta.

Nieblas y nubes

El viento me trae aromas de ti
envolviendo totalmente mi ser.
Lo siento porque me hace estremecer
recordando lo que sientes por mí.

Se me remueve todo en mi interior
buscándote para poderte hallar.
En el llano el sol dejó de brillar,
en la cumbre, todo era un esplendor.

Las nieblas de las dudas lo ocultaban
tapando los destellos de sus rayos.
Las nubes de los miedos lo tapaban.

Sopló de nuevo el viento con su fuerza,
despejando todos los nubarrones
para que ya por fin nada se tuerza.

Tot recordant-te

Quan els violins i tota la corda comença,
s'obre un ventall de melodia harmoniosa
obrint els cors plens de joia immensa
i l'ànima s'omple de goig, joiosa.

El piano i tots els altres instruments
inicien els seus compassos amb coratge;
a cops són tendres i d'altres són valents,
anunciant-nos un esclatant missatge.

Director, músics i també els cantaires,
embadalits per la música encisadora,
que omple de ritme fins i tot als dansaires,
gaudeixen tots plegats sense demora.

En el nostre record sempre estaràs present
admirat i estimat mestre Prenafeta.
No hi ha ningú que hagi estat indiferent
al contemplar la teva obra tan ben feta.

Ens queda el sentiment de gratitud
i el reconeixement del teu mestratge.
No donar-te les gràcies fora ingratitud,
per això ets mereixedor de tot homenatge.

Para cinco soles

No hay para mis ojos mayor consuelo
que veros avanzar con alegría.
Sin que nada os turbe el día a día
y ganar la batalla con anhelo.

En este mundo hay mucho desalmado
que intenta vencer al que es más pequeño
y por eso pone todo su empeño
para romper lo que aquel ha logrado.

Con el correr del tiempo vais sumando.
De la madre, heredáis delicadeza,
de los abuelos, alguna rareza,
y del padre, buenas dotes de mando.

No se roba todo lo que se hereda,
en un viejo proverbio se nos cuenta.
Por eso, cuando llegue la tormenta,
recordadlo como buena moneda.

Con vuestras alas abiertas al viento
emprended vuestra vida ilusionados
y lograd objetivos deseados.
¡Poned en ello ardor y sentimiento!

Posos en el alma

Ni aun teniendo mis ojos bien cerrados
no puedo alejar recuerdos hirientes.
En mi interior todos están presentes
creyendo que estarían olvidados.

Vino el gavilán con sus intenciones,
y con sus artes de galán ladino.
En la paloma provocó emociones
y aceptando sus halagos, se avino.

No provocaron en ella rechazo,
ni siquiera se mostró nunca esquiva,
tampoco se puso a la defensiva,
pues se valió del gesto y del abrazo.

Junto a otras aves revoloteaban
procurando poder comunicarse.
Con ello su juego disimulaban
y en algún momento poder juntarse.

Rauda la paloma tras él volaba
queriendo así poder ir a su lado.
De lejos el palomo la observaba
impotente, triste y desanimado.

Ya no es simplemente un juego inocente.
Palabras, gestos y hechos ha habido.
¿Podrá entenderse como un accidente
y nada habrá que se haya consumido?

Eres así

¡Qué sutil habilidad la que tienes
empleando el lenguaje a tu manera
en especial con el que está a tu vera
pero a sus consejos tú no te avienes!

Cuando realizas una pregunta
das a entender que sabes la respuesta
pues tu intención así lo manifiesta.
Por eso la una con la otra va adjunta.

Sin encomendarte a Dios ni al demonio
dices lo que quieres con tu soltura;
en eso bien te distingues, criatura.
No necesito ningún testimonio.

No te tomes esto como una ofensa
ni pienses que quiero menospreciarte.
Con lo que digo no quiero humillarte
ni mucho menos que te pongas tensa.

Muchos quisieran a ti parecerse
y así tener tus buenos sentimientos,
desechando sus malos pensamientos;
y al verlos como tú, uno prenderse.

Has sido niña, mujer, madre y abuela.
Todo lo llevas escrito en tu frente
luciendo airosa ante toda la gente.
¡Has ganado la más bella quiniela!

Todo tiene su fin

Aquella espina que clavaste
aquel triste y amargo día,
en mí provocó una agonía
por ese dolor que dejaste.

No, no esperaba ese momento,
ni tan solo que sucediera;
y tampoco de esa manera.
Es así tal como lo siento.

Con los años todo se tuerce.
Aquellos momentos de gloria
se quedan en la memoria,
y al recordarlo, nos escuece.

A veces los ojos se empañan
pues hay motivos para eso.
Forman parte de ese proceso
y en el corazón nos arañan.

Yo me quedo con lo agradable.
Es mucho mejor para el alma,
porque nos devuelve la calma
dándonos una vida afable.

Los buenos momentos vividos
provocan de nuevo esperanza.
¿Pero nos daría confianza?
Dejémoslos ahí dormidos.

El cuento de las chicas de oro

Érase una vez cuatro chicas de oro
que contentas acuden a la esquina.
Ninguna de ellas mi oferta declina
convirtiendo mi coche en un tesoro.

Inés fue la primera en dar el paso.
Frente al portal de su casa aguardaba
y cuando mi llegada se alargaba,
nunca me echaba en cara mi retraso.

A esta oferta Julia se añadía.
Saludaba con su ¡Hola compañero!
Y a veces entonaba el "Soy minero"
bien contenta porque se lo sabía.

Ya eran tres con la llegada de Rosa.
El lazo de amistad se fue aumentando,
con lo cual el espacio fue menguando
y ninguna se mostró pesarosa.

Fue Pilar la que se sumó al cuarteto.
Y amigos, el asunto se estrechaba,
pero nadie por eso se asustaba.
Por ello puse el cartel de completo.

Charlamos y a veces también cantamos.
Y aunque no acertamos bien con la nota,
ninguno se amilana o se acogota.
Porque cantando es como disfrutamos.

Para quien es mi amigo

Donde quiera que estés, amigo,
no te quepa la menor duda
que es un gozo contar contigo
y así la vida no es tan cruda.

No correspondo muchas veces
embargándome la tristeza,
porque sé que no te mereces
que responda con mi torpeza.

Me das ejemplo con tu entrega
olvidándote de ti mismo.
Es entonces cuando a mí llega
el poder salir del abismo.

Ya las penas con pan son menos
nos dice el viejo refranero.
Cuando sonaban solo truenos,
con tus ánimos pongo esmero.

Por eso debo darte gracias
porque siempre estás a mi lado.
Cuando se acercan las desgracias
contigo me siento aliviado.

Es un placer tener amigos
a cada momento dispuestos.
Pues son los mejores abrigos
que siempre llevemos bien puestos.

El uno para el otro

Salta el pajarillo de rama en rama.
Luce en sus plumas colores hermosos.
No solo son las que le dan la fama,
a ellas se unen trinos melodiosos.

En una de las ramas picotea.
Ahora en otra agudiza la vista
porque está viendo que algo se menea.
Puede que sea su mejor conquista.

Desde su rama observa muy atento
y entona decidido un dulce canto.
No es agresión ni tampoco lamento,
pues no quiere provocar un espanto.

El otro personaje se da cuenta
contestándole con su melodía,
haciendo que el pajarillo se sienta
contento y feliz con su compañía.

Vuelan los dos hacia una rama juntos,
contándose sus penas y alegrías.
Decididos a compartir asuntos
para que sus vidas no estén vacías.

Su futuro ya será compartido
dejando atrás la vida en solitario.
Su primera meta será su nido
y plantarle cara a todo adversario.

Desde el cariño

Abre tus alas al viento
y en tu boca una sonrisa.
Tan solo eso se precisa
para evitar sufrimiento.

No te embargue la tristeza,
ni el rencor en tu alma anide.
Rechaza al que te intimide
y mantente con nobleza.

Observa al que está a tu lado
para lo malo y lo bueno.
Abona bien el terreno
de los que siempre has amado.

Verte alegre me emociona
y con ganas caminando.
Frente al mal siempre luchando
bien junto a quien te apasiona.

Recuerda a quienes te quieren
y escucha bien sus consejos.
Tanto si están cerca o lejos,
no olvides que por ti mueren.

Una vez más

Que conserves mi recuerdo
y sientas también mi abrazo
de este loco y este cuerdo
desde que me echaste el lazo.

No se olvida fácilmente
todo lo que se ha vivido
de corazón y de mente.
No me siento arrepentido.

Los dos las canas peinamos.
Los dos achaques tenemos.
Todo eso no lo olvidamos
si empeño los dos ponemos.

¿Piensas tú también lo mismo?
¿O es solo mi pensamiento?
Apelo a tu sentimiento.
No sigas en tu mutismo.

Mestre, artista i amic

Ara que ja no estàs entre nosaltres
i et veiem dirigint altres cantaires,
se'ns posa la cara de rondinaires;
i això que cantant no som uns sapastres.

Cada dijous a la nit assajàvem
i no ens sortia com tu desitjaves.
Evidentment, llavors et cabrejaves.
I au, vinga, som-hi, de nou començàvem!

De "Piel canela", tots ens recordem.
De "Chiquitita", val més no parlar.
La "Maite", al final la vas descartar.
I al "Pater Noster", vam lligar l'amen.

Llàgrimes no crec, però la suaves!
Nosaltres, poc o molt, ho treballàvem.
D'entonar molt bé, no sé si encertàvem.
I un any darrere un altre, ens animaves.

Robert, aquí tens uns amics cantaires,
molt agraïts per la teva ensenyança
i també per la teva confiança.
Ah! Recorda que també som xerraires.

Parlem-ne dolçament

—Què tens a la mà
que no pugui veure?
Me'l vols amagar?
Ai! no m'ho puc creure.

—No és res important,
ja no et preocupis.
Ves-te'm acostant,
per això no em culpis.

—Penso malament
i no tinc excusa.
M'afecta la ment.
Tu ets la meva musa.

—Mira aquest present.
És ben poca cosa.
Te'l guardo amatent
tal com una rosa.

—Que feliç em fas!
Podràs perdonar-me?
Anem-hi del braç
per no separar-me.

—Així està molt bé,
junts amb confiança!
I alegres també.
Ben plens d'esperança!

A propósito

El deseo es pasajero,
tan solo dura un instante.
Aunque parezca importante,
no creas que es duradero.

Las etapas de la vida
llegan a paso muy lento.
No agotes cada momento
pues tu alma quedará herida.

Si no escuchas los consejos
de todos los que te quieren,
aunque mucho te dolieren,
son tus mejores espejos.

Si me pones mala cara
no creas que no me importa;
porque lo que me conforta
es que nada te cegara.

Con los ojos bien abiertos
y en tu boca una sonrisa,
verás que sin esa prisa
tendrás todos los aciertos.

Vidas amargas

Por recónditos vericuetos
transitan las almas heridas
enfrentadas a nuevos retos
y muchas veces abatidas.

Necesitan siempre consuelo
y les hace falta dulzura,
para que se olviden del duelo
y así emprender otra andadura.

El paso del tiempo es muy lento
sintiendo que el dolor no acaba.
Sus voces se vuelven lamento
porque el sosiego no llegaba.

Lágrimas en los ojos brotan
resbalando por las mejillas.
Es evidente que se notan
esas almas hechas astillas.

Sufren de continuas injurias
de quienes están llenos de odio.
Pasan por enormes penurias
episodio tras episodio.

Conocemos su sufrimiento
y el dolor que les ocasiona.
Cumplamos con el mandamiento
y así nadie les abandona.

Nos queda su recuerdo

Su sonrisa siempre estaba dispuesta
y su amistad sin rubor te entregaba.
Con su presencia alegre y pizpireta
a todos sus amigos alegraba.

Ahora vivimos sin la presencia
de su vida en medio de los amigos.
Es natural que notemos su ausencia
porque todos hemos sido testigos.

Fue esposa, madre y abuela valiente
con retazos de dulzura y coraje,
haciendo frente a las adversidades.

Fue un buen ejemplo para mucha gente.
Por eso les arropa su mensaje
pronunciado sin omitir verdades.

Pareja singular

El trigo y la amapola
se mueven con el viento.
Imitando a la ola
en pleno movimiento.

Sus espigas doradas
son de una gran riqueza.
Sus flores coloradas,
nos regalan belleza.

Él es nuestro alimento
y el sustento en el día.
Ella en cada momento
nos regala alegría.

Unidos van creciendo
hasta llegar la siega.
Los dos están sufriendo
cuando el verano llega.

El final de su vida
a todos nos afecta.
Por eso no se olvida
esa unión tan perfecta.

No es de suma importancia
lo que con esto os digo.
Pues es tradición rancia
del rico y del mendigo.

Unidos en la tierra
podemos observarlos.
En el llano y en la sierra
y poder apreciarlos.

Ardor sin reproche

Juntos los dos en esta aventura
que iniciamos con plena consciencia.
Cogidos de la mano con dulzura
podremos vencer toda resistencia.

Qué oscuro es el túnel de la noche
que nos impide el fulgor del amor.
Que no se oiga ningún reproche
pero suene la palabra con ardor.

Hielo y fuego queman por un igual;
este consume como la brasa,
aquel asola como vendaval;
Uno y otro hacen tabla rasa.

Comparo el silencio con el hielo;
y la palabra se parece más al fuego.
Sé muy bien cuál de los dos anhelo
por eso una palabra tuya te ruego.

Imatges

Ja no sento el batec dels cors al pujar les escales
quan un darrere de l'altre anaven cap a les classes.
Els crits, els aldarulls i les seves veus són escasses
semblant ocells que ja no gosen a moure les ales.

Tampoc veig els ulls vermellosos a les seves cares
perquè el plaer dels seus jocs amb intensitat el viuen.
Tots plegats els més petits amb els més grans conviuen
i són sense dubte la joia de pares i mares.

El temps passa silenciós i el seu ritme és imparable.
L'hem de viure a cada moment per no sentir enyorança,
per no caure en el seu parany i seguir amb esperança,
cercant en cada moment un present que és admirable.

Imatges que han forjat una vida totalment plena
i que han donat tot un sentit de viure amb harmonia,
no podem pas oblidar-les ni girar-los l'esquena;
sí, però les recordarem amb dolça melangia.

Errando por la vida

Este hombre que está a tu lado en la vida,
mudo al expresar lo que por ti siente,
sufre cuando ve que tu alma está herida
pero es zafio, torpe y también hiriente.

En la vida cometemos errores,
muchas veces sin darnos plena cuenta,
provocándonos grandes sinsabores
que nos llevan a una actitud violenta.

Los dos hemos sufrido esos momentos.
He sido el causante de tu amargura
sin saber amilanar tus tormentos
para darte consuelo con dulzura.

Todo lo dicho no es para excusarme
de mis acciones tan poco acertadas.
Pero sí quiero de valor armarme
y que tus heridas estén curadas.

La duda surge, ¿nos equivocamos?
¿Pero en la vida hay alguien que no falla?
Todos caemos y nos levantamos
para saltar juntos toda muralla.

Los continuos reproches que tenemos
provocan en nuestra vida un calvario
y consumen lo que nos merecemos.
Esforcémonos pues, juntos a diario.

No es más sabio el que nunca se equivoca.
Ni es más lerdo quien más fallos comete.
Sí es más necio quien su vida no enfoca
a poner empeño en lo que acomete.

Cal estar amatent

Al compàs del temps de la vida trobes imatges i flors
que et donen l'esperança d'anar seguint el teu caminar.
Ànima i cor bateguen quan enmig de tant pelegrinar
unes i altres s'apropen eliminant totes les foscors.

Cal mantenir ben ferma una il·lusió per anar lluitant,
perquè vindran els moments en què naixeran tots els neguits.
Serà llavors quan les necessitarem per sortir enfortits
i presentar-nos joiosos amb la cara ben triomfant.

Amic meu, que avui m'escoltes i que malgrat no saps qui soc,
omple el cor i la ment de la bonesa que t'oferiran.
Gaudiràs de la joia i la força que t'acompanyaran
i al caminar per la vida no et sentiràs mai sol enlloc.

En mis setenta y cinco

Transcurren los años sin darnos cuenta.
Esto lo decimos muy normalmente
y mucho más cuando la edad aumenta.
Deben ser cosas propias de la mente.

Cumplir años no es algo de importancia
ni tampoco es para vanagloriarse.
Pero sí es una tradición bien rancia
reunirse la familia y abrazarse.

Por eso hemos venido aquí esta noche
porque cumplo ya los setenta y cinco.
Y junto al esposo, al padre y al abuelo,

antes de que necesite un pañuelo,
celebrémoslo todos con ahínco.
Será para mí un espléndido broche.

Granada.

Fuente de las batallas

¡Oh singular y hermosa fuente
que ves las idas y venidas,
de tanta cantidad de gente
desde las plazas y avenidas!

Niños, jóvenes y maduros
sin duda ante ti se detienen.
Algunos llegan con apuros
porque ya pocas fuerzas tienen.

Miras a todos con firmeza
contemplándolos bien esbelta.
No hay quien no admire tu belleza
y muy pronto esté ya de vuelta.

Soy uno de los que regresa
y ante ti me quedo embobado.
Mi admiración por ti no cesa
porque es que me has enamorado.

Tus chorros de agua se entrecruzan
y un espectáculo se crea.
Parece que entre ellos se azuzan
como si fuera una pelea.

Navegando por la vida

No te quedan fuerzas para seguir adelante
cuando el horizonte de tu vida ya se acerca,
y como si se tratara de una nueva tuerca,
arremete contra tu alma cual puñal punzante.

Renacen las dudas, las sombras y los temores.
Son las nubes que al sol de tu vida han apagado
y al brillo de tus ojos lo tienen enjaulado,
para así apresarte cual furtivos cazadores.

Por los recodos del río de la vida vamos,
llevados por la fuerza bruta de la corriente.
Caen todos, tanto el cobarde como el valiente
y a esa batalla constante nos enfrentamos.

Quien navega solo por el mar de la existencia
ardua y difícil travesía se le presenta.
Posiblemente puede llegar a ser sangrienta.
Será cuando el alma se rompa por la impotencia.

Pero aquel que surca el océano de la vida
en compañía de amigos incondicionales,
enderezará el rumbo sin llegar a glaciales.
¡Que nuestro proceder no nos cause más herida!

¿Tienes respuesta?

Cuando el silencio esconde el sentimiento
y la boca se mantiene callada,
se vive en un amargo sufrimiento
en el que el alma se encuentra angustiada.

¿Qué hacer para poder hallar consuelo?
¿A quién suplicarle para lograrlo?
¿Seguir por la vida en constante anhelo?
¿O renunciar a poder alcanzarlo?

¡Qué extraña es la vida del ser humano
empeñado en vivir una quimera!
Ya no es un caballero, es un villano.

Pero si continúa en ese empeño,
¿quién habrá que lo aleje del fracaso
o le diga que no todo es un sueño?

Pensamientos encontrados

¡Qué larga y dura se hace la espera
pensando que el tiempo se detiene!
Incluso nos provoca ceguera
sin lograr que el alma se serene.

Todo son preguntas sin respuestas.
Nuestros pensamientos no son buenos,
ni estamos tampoco para fiestas.
No conseguimos estar serenos.

¿Qué condición tiene el ser humano
para que si algo mucho le inquieta,
venga del enemigo o el hermano,
y en su interior se le abra una grieta?

¿Que aún no llega aquel al que esperamos?
¿Es que no entiende nuestra agonía?
Así somos y nos empeñamos
en seguir viviendo el día a día.

La prisa no es buena consejera,
ni tampoco es una buena amiga.
Ni siquiera es buena compañera
aun sabiendo a lo que nos obliga.

Aprendamos pues de los errores
si tenemos fuerzas suficientes.
Evitaremos muchos horrores
con los lejanos y con parientes.

¿Podremos vencer esa batalla
en la que estamos siempre metidos?
¿No es mejor estar tras la muralla
para sentirnos bien protegidos?

Pero cuando dos almas se encuentran
aunque les separe la distancia,
si sus sentimientos se concentran,
sabrán vencer toda circunstancia.

Aunque toda una lucha se entable
entre la razón y el sentimiento,
¿quién de ellos resultará domable?
Cada cual aplique su argumento.

No le temas a la vida

No tiene la vida mayor secreto
que el poderla vivir intensamente.
No te quepa duda, te lo prometo.

No será siempre un camino de rosas.
Recuerda que todas tienen espinas
y cuando te pinchas, son dolorosas.

Si te empeñas andar en solitario,
queriendo salvar todo impedimento,
amigo, tu vida será un calvario.

Rodéate de buenos compañeros
que no te lleven a ningún engaño
haciéndote creer que son bien sinceros.

No será fácil poder encontrarlos,
ni tampoco todos te serán fieles.
Los que lo sean, debes conservarlos.

Cuando encuentres aquellos que te quieren
y no te oculten todas las verdades,
no se te ocurra pensar que te hieren.

Eso es lo que de verdad necesitas.
No te sirven amigos que te adulen.
Mucho mejor te irá si los evitas.

Por lo demás, ¿qué quieres que te diga?
No es nada fácil tomar decisiones
ni siquiera ver en tu ojo la viga.

Ármate de valor y de templanza
a cada paso que des en la vida,
y verás que por fin todo se alcanza.

Algo más quisiera poder decirte
para que lo tuvieras bien presente.
Aquí me tienes dispuesto a servirte.

Lo que nos une

¿Tienes algo que decirme
y quizás no sabes cómo?
Debe ser de tomo y lomo.
Asustado, estoy por irme.

Te emplazo a que me lo cuentes
y me digas con detalles
sin que nada haya que calles
o que yo piense que mientes.

¡Adelante, cuando quieras!
No hagas más larga la espera.
Sabes que eso desespera.
Habla pues, aunque me hieras.

¿No te atreves a contarlo
porque no estás bien seguro?
¿Por eso sientes apuro
que no quieres ni mentarlo?

¿No sabes tampoco cuándo
y dices que eres mi amigo?
Ahora que estás conmigo
te escucho, ya estás tardando.

Habla claro ya criatura.
No tengas reparo alguno.
Es el momento oportuno
para hablarnos con ternura.

¿Que no te escucho como antes,
ni tienes en mí confianza,
ni nuestra amistad avanza?
Por eso estamos distantes.

Si es eso, remedio tiene.
Olvidemos lo pasado
y que quede perdonado,
pues la amistad nos sostiene.

Agosto 2023

LU	MA	MI	JU	VI	SA	DM
		1	2	3	4	5
6	7	8	9	10	11	12
13	14	15	16	17	18	19
20	21	22	23	24	25	26
27	28	29	30	31		

El almanaque de la vida

Cuando la nieve blanquea la cumbre
o el viento helado la deja pelada,
a todos nos llega la incertidumbre
por saber si la vida está apagada.

Se fueron las alegres primaveras
rebosantes de buenos sentimientos.
Valientes para vencer las quimeras,
empeñados en nuestros pensamientos.

Los veranos con su fuego animaban
a enfrentarnos con nuevas energías,
sin darnos cuenta que nos agotaban.

Alcanzamos el otoño, mermados,
y aún las pocas fuerzas nos sostenían
sin que nos sintiéramos humillados.

Desde el recuerdo

¡Oh, niña! ¡Cómo me duele tu ausencia!
No se me olvida tu alegre sonrisa
mientras te tuve bajo mi docencia.
Me la regalaste sin cortapisa.

Costaba mucho enfadarse contigo
porque no había motivos para ello.
A nadie tenías como enemigo
y de haberlo, sería un descabello.

Tu cara seria bien poco duraba.
¿Afirmar lo contrario alguien podría?
Diste apoyo a quien lo necesitaba
y así poder llevarlo a la alegría.

Tus padres y hermana te echan de menos.
Los que te conocimos así andamos,
con dolor, intentando estar serenos,
pidiendo a Dios Padre que lo cumplamos.

Desde donde ya te encuentres ahora
no te olvides de los que aquí seguimos.
Y recuerda que fuiste encantadora,
por eso ahora tu ausencia sufrimos.

Copla para una quimera

Los ricos y poderosos
nunca tienen suficiente,
más desean
y encima son envidiosos.
Si tienen diez, quieren veinte
y chulean.

Tampoco tienen vergüenza
al mostrar su altanería
en sus faces.
Empiezan tejiendo la trenza
con su extrema maestría
de secuaces.

¿Hay quien se atreva contra ellos
para salir victorioso
en la lucha?
En todos sus atropellos
luciendo el mayor acoso,
ni la trucha.

Atados de pies y manos
nunca podremos vencerlos.
Nadie puede.
Tengamos valor hermanos
para poder detenerlos.
¡Que no quede!

La lucha no será nueva
para obtener la victoria.
No es engaño.
Si no hay nadie que se atreva,
no gozará de la gloria.
Así otro año.

Curiosa relación

No me dejes solo en casa,
y sácame de paseo.
Así pues, no tendré grasa
porque gordo no me veo.

No me des más golosinas,
pero dame mi alimento.
Eso sí, con vitaminas
porque serán mi sustento.

No tengas ningún reparo
al sacarme por la calle.
Cuando en un árbol me paro,
ten conmigo ese detalle.

Tranquilo, espera a que acabe,
no será por mucho tiempo.
Quien me conoce, lo sabe
pues no es ningún contratiempo.

Si llevas lo necesario
podrás sacarme tranquilo.
Tú no eres un ordinario
porque fuiste buen pupilo.

No hagas como muchos otros
que miran para otros lados.
Así no somos nosotros,
estamos bien educados.

A tu casa me trajiste
un buen día alegremente.
En tus brazos me meciste
y fui contigo obediente.

Ya no somos dos extraños
que se miran reticentes.
Han pasado ya unos años.
Ni yo ni tú te arrepientes.

Manteniendo esta armonía,
todo será una delicia.
Cuidándola día a día,
a los dos nos beneficia.

¿Qué me dirás?

Dirás que todo es mentira,
que engañan las apariencias,
que se notan las ausencias
y en el aire se respira.

Dirás que no sé quién eres
ni conozco tus maneras.
Y que si tú lo quisieras
perdería mis poderes.

Dirás que el ayer no existe
que mejor es olvidarlo,
o al menos debo negarlo
para que así no se enquiste.

Dirás que mire al futuro
y que el presente lo anule
o que si no disimule
para salir del apuro.

Dirás que ya se ha acabado
que ya no vale la pena.
El hablarlo nos condena
porque ya hemos terminado.

Escúchame

Llegaste ya a la madurez
con un bagaje de experiencias
que han sido tus propias vivencias
y han curtido tu blanca tez.

Fuiste niña y ahora mujer.
Afrontaste con sentimiento
aunque costara sufrimiento,
para luego poder vencer.

A tus hijos los ves crecer
y a tu lado te dan la vida
luchando siempre sin medida
y nunca poder fallecer.

Sigue siempre con ilusión.
La lucha bien vale la pena.
Eso nunca es una condena,
al contrario, es nuestra misión.

Alguna vez tropezarás.
Aunque caigas, sigue adelante,
sin miedo y que nada te espante.
Valiente, lo conseguirás.

A mí me llegó la vejez.
Por eso bien puedo decirte
que, si alguna vez pude herirte,
di que me perdonas, ¡rediez!

Balada de las chicas de oro

Son estas chicas de oro
una buena delicia.
Son como un gran tesoro
sin nada de malicia.

Una dice sus cosas.
Otra también las suelta.
Se siente pues celosa
y ya le dio la vuelta.

Te muestran su sonrisa.
También su picardía.
Con mirada precisa
para la simpatía.

No puedes resistirte
ni tampoco lo quieres.
Porque quieres sentirte
el mejor de los seres.

Se te olvidan las penas.
La alegría renace.
Adiós a las cadenas.
La risa las deshace.

Las otras no se quejan.
¿Estarán celosillas
cuando todas festejan?
No creo, son listillas.

Son todas bien amigas
desde hace ya unos años.
Hacemos buenas migas
pues no somos extraños.

¿Por qué digo todo esto?
No es burdo peloteo
ni nada que esté impuesto.
Es tal cual yo lo veo.

¡Anda, anímate!

¿Quieres cantar conmigo?
Pues vente a los ensayos.
Con aciertos y fallos,
disfrutarás, amigo.

No es que sea gran cosa.
Ni es un aburrimiento.
Pero es un buen momento
para tu vida ansiosa.

La música libera
y el canto nos anima.
Nos eleva a la cima
cantando una habanera.

Probamos con baladas
y también villancicos.
Unos son muy bonicos
y otros unas chuladas.

También con lo moderno,
si bien eso es muy loco.
Hay que ir poco a poco,
pero no hacerlo eterno.

Preparando conciertos
nos ponemos nerviosos
y estamos muy ansiosos,
pues no somos expertos.

Ya ves, a esto te invito.
¿Aceptas esta idea?
Pues vente a la asamblea,
será solo un ratito.

Me decía mi madre: "Hijo, lo que se hereda no se roba".

¡Cuánta razón tenía!

De cada uno de nuestros padres hemos heredado su delicadeza, su seriedad, su locuacidad o su silencio, también sus sentimientos y creencias.

Con el correr de los tiempos han influido sus vivencias, sus maneras de pensar, sus creencias e incluso hasta sus formas de moverse físicamente. Por ello nos parecemos tanto. Algunos hasta nos confunden y nos identifican al vernos ya de mayores con sus rasgos.

De ellos he recibido ese sentimiento de fe y esperanza en Jesucristo y en la Virgen María que conservo en mi interior y al que recurro en los momentos de mi vida.

Ven en mi ayuda

No me bajes al Cristo del madero.
Contemplemos todos su sufrimiento
y, apenados por todo su tormento,
rechacemos todo mal con esmero.

Señor, no es que quiera verte que penas,
ni por mí quiero verte padeciendo.
¿Qué hacer para que no sigas sufriendo?
¿Podré liberarme de mis cadenas?

Todas ellas me tienen bien atado
y no consigo poder liberarme.
En mi lucha acabo bien derrotado.

Quisiera por fin victorioso alzarme.
Sé que con tu ayuda lo habré logrado,
y ante ti, ya salvado, presentarme.

La nit es torna dia

Mira, ja és aquí l'estel
convertint la nit en dia,
trencant la foscor del cel,
tot donant-nos alegria.

Ja és hora amics i germans.
Trenquem totes les cadenes
que ens lliguen de peus i mans.
Fem fora totes les penes.

Que ja sempre sigui així
al caminar per la vida.
Ens ho diu l'infant diví.
Des del bressol ens convida.

Amb joia ho celebrarem
cantant nadales alegres,
i així fora allunyarem
tots els maldecaps i febres.

Sin ti nada puedo

¿Quién se empeña en que de ti yo me aparte,
que con sus artes me envuelve en la niebla
para que de mí puedas alejarte
y mi vida transcurra en la tiniebla?

¡Qué bien utiliza sus artimañas
acercándose siempre con astucia!
Se cuela hasta el fondo de mis entrañas
valiéndose de su peor argucia.

Tiende sus redes de noche y de día
atormentándome mi pensamiento.
¿Quién me librará de su tiranía
evitándome todo este sufrimiento?

¡Qué necio soy siguiendo en solitario
imaginándome que saldré airoso!
Aquí hoy en el silencio de tu santuario,
a tus pies Madre, saldré victorioso.

Frente a ti, Señor

Al verte en la cruz clavado,
con tu rostro ensangrentado
y de espinas coronado,
me siento mal y apenado.

Lo que te duele es mi ofensa
y en tu dolor se condensa.
¿Tendré alguien en mi defensa
que me otorgue la dispensa?

A ti te imploro María
que conoces mi agonía.
Eres mi norte y mi guía.
Sin ti mi alma está vacía.

¿Qué camino he de coger
para nunca más caer?
¿De qué manantial beber
y mi sed satisfacer?

Remueve ya mis entrañas.
Que no caiga en más patrañas.
Que te ofrezca mis hazañas
porque eres quien me acompañas.

Padre

¿Por qué no puedo vencerlos
y por qué me cuesta tanto?
Si me producen quebranto,
¿por qué puedo cometerlos?

Una y mil veces me digo
que no debo repetirlo
animándome a cumplirlo.
Y ya ves, no lo consigo.

Solo yo soy el culpable
sintiendo en mi alma la ofensa.
Tú eres mi única defensa.
Eres mi refugio fiable.

¿Por qué no te veo ofendido
ni siquiera algo molesto?
Tampoco cambias el gesto
cuando el mal he cometido.

¿Es que yo a ti no te ofendo
cuando en mi alma siento pena?
¿Quién es el que me condena
sin que lo esté yo sabiendo?

¿Qué misterio yo no entiendo
que no alcanzo a comprenderlo?
Cuando te miro sé verlo,
y tu amor voy percibiendo.

¡Madre Iglesia!

No tuviste ni alhajas ni ornamentos,
ni tampoco ceremonia ninguna
porque naciste de una humilde cuna.
¡Ahora ya ves, soplan nuevos vientos!

Fuiste creada como salvadora
para acoger a todo arrepentido.
También al que se sentía afligido
le ofrecías refugio sin demora.

¿Qué te queda de aquel primer mensaje?
Creo que entre todos lo hemos cambiado.
Nadie puede decir que se ha salvado
de no ser culpable por el ultraje.

Bien pocos pueden sentirse inocentes
contemplándote en qué te has convertido.
Yo también en ello he contribuido
atacándote por todos los frentes.

Te cuestiono desde el fondo de mi alma
haciéndomelo también a mí mismo
cuando voy andando por el abismo.
Queriendo encontrar por fin esa calma.

Quisiera renunciar a ti y no puedo
porque yo también me siento culpable
y, en ocasiones, hasta despreciable.
¡Oh! Cristo, Dios y Hombre, ¡yo te lo ruego!

Ante ti, madre

¡Dulce Virgen María!
Vengo ante ti postrado,
en este nuevo día,
para ser consolado.

Líbrame de la pena.
No consigo la calma.
Es como una cadena
que me aprisiona el alma.

El dolor conociste.
También el sufrimiento.
¿De qué forma pudiste
vencer tanto tormento?

Me duele imaginarte
a tu hijo acompañando.
Quisiera yo ayudarte
y el dolor ir calmando.

Pero ni eso ya puedo.
¿Se acabó la esperanza?
Ya solo queda el miedo.
¡Madre, dame templanza!

¡Guíanos, Señor!

Cruzan las naves por el ancho mar.
Unas navegan con rumbo marcado,
otras no saben a dónde llegar.

Como ellas son nuestras vidas también.
Surcando por caminos de bonanza
o con tropiezos a cada vaivén.

Las naves con buen rumbo, llegarán.
Alcanzarán la meta sin problemas,
en cambio, las otras, sucumbirán.

¿Quién es el que ese rumbo les marcó
haciendo que lograran conseguirlo?
¿O tan solo fue el azar quien las guio?

En nuestras vidas ¿quién nos guía así?
¿O caminamos totalmente a ciegas
en medio de un continuo frenesí?

No hay quien nos guíe el camino mejor
que aquel que en la cruz nos lo confirmaba.
¡Yo seré tu luz, no tengas temor!

Bendita cruz

¡Oh, cruz que en el monte fuiste clavada!
¿A quién sigues aguardando desnuda?
Aquel que sufrió en ti pena tan cruda,
nos lo recuerdas con nuestra mirada.

Ya no son solo dos palos cruzados.
Con su tormento les cambió el sentido.
Por eso a muchos nos ha convencido
y nos sentimos por Él perdonados.

En ti fue clavado de pies y manos
como si de un criminal se tratare.
Y así nadie a seguirlo se atreviera.

Pero desde el monte hasta la ribera,
habrá siempre quien a ti se abrazare
para convertirse en buenos cristianos.

No temas, ven a mí

Si sientes que esto se acaba,
pero tienes a tu lado
a quien te habla con cuidado
y su consuelo te daba,
es que nadie te ha olvidado.

Es cierto, duele alejarse
de aquellos que allí se quedan,
porque con sus vidas ruedan
sin querer de ti olvidarse.
Y así lo harán mientras puedan.

No temas, que yo te acojo.
Ven a mis brazos, criatura.
Será todo ya dulzura.
Se acabó cualquier enojo.
Yo soy quien todo lo cura.

No mires atrás ahora
pues no descubrirás nada.
Fue una etapa terminada,
puede que fuese traidora.
Yo te ofrezco esta morada.

Aquí tienes tu descanso
porque te lo has merecido.
A gozarlo te convido
y que sea tu remanso.
Haciendo el bien, has vencido.

Cuando el nudo aprieta

¿Qué quieres que te diga?
Ya no tengo respuesta
porque ante esa propuesta
mi interior se fatiga.

Aunque busco consuelo
desde dentro y por fuera,
la pena siempre impera.
La paz es lo que anhelo.

¿Así siempre es la vida?
¿Luchar constantemente
sin dar tregua a la mente,
ni al alma dolorida?

¿Tendré por fin reposo,
que el corazón serene
y de emoción se llene,
sin quedar ningún poso?

¿Con qué sanar mi pena
cuando el dolor me embarga?
¿Hasta cuándo esta carga?
¿Será pues mi condena?

Acógeme en tus brazos
y dame tu cobijo.
Así me siento tu hijo
sin dolor ni arañazos.

Índice